Quellen zur Geschichte der Holsteinischen Elbmarschen

Herausgeber C. Boldt, S. Loebert, M. Boldt

Quellen zur Geschichte der Holsteinischen Elbmarschen

Band 1

Ernst Schröder:
Erinnerungen an den Feldzug der Schleswig-Holsteiner
gegen die Dänen im Jahre 1849.

Im Auftrag der Detlefsen-Gesellschaft

Das Erscheinen dieses Bandes wurde ermöglicht durch die finanzielle Förderung unserer Mitglieder.

Bibliografische Information der Deutschen Nationalbibliothek: Die Deutsche Nationalbibliothek verzeichnet diese Publikation in der Deutschen Nationalbibliografie; detaillierte bibliografische Daten sind im Internet über www.dnb.de abrufbar.

Redaktions- und Bezugsadresse
Christian Boldt M.A.
An der Au 11
25376 Borsfleth

Layout und Satz: Claudia Boldt
Herstellung und Verlag: BoD – Books on Demand, Norderstedt
ISBN: 9783748165392

Vorwort

Liebe Heimatfreunde,

der Sezessionskrieg der provisorischen Landesregierung in Kiel gegen den dänischen Rest Gesamtstaat oder – wie man in Schleswig-Holstein gerne sagt – „Die Schleswig-Holsteinische ‚Erhebung'" stellt eines der einschneidenden Ereignisse der Landesgeschichte des 19. Jahrhunderts dar. Er ist wieder und wieder behandelt worden: unter national-, politik-, diplomatie- und kriegsgeschichtlichen Aspekten. So ist in militärgeschichtlicher Hinsicht z. B. die unter ihrem Kommandeur General Willisen für die Schleswig-Holsteinische Armee verlorene Schlacht bei Idstedt hinreichend aufgearbeitet.[1]

Oft jedoch werden hierbei nur die „großen" Entscheidungen reflektiert – der einzelne einfache Soldat kommt fast nie zu Wort; Offiziere sind dagegen häufiger mit Erinnerungen und Bewertungen hervorgetreten. Der Fund in der im Dezember 2017 in das Stadtarchiv Glückstadt eingegliederten historischen Schullehrerbibliothek des Detlefsengymnasiums gehört dazu.

Dies soll nun der Start der neuen Publikationsreihe der Detlefsen-Gesellschaft werden. Immer wieder tauchen in privaten Sammlungen und aus Nachlässen Quellen zur Geschichte der holsteinischen Elbmarschen auf. Leider werden diese nicht immer den Archiven zur Verfügung gestellt. Für die Forschung sind diese daher nicht zu nutzen. Nicht selten verschwinden diese bedeutsamen Archivalien nach dem Tod der Besitzer im Müll. Um sie für die Forschung nutzbar zu machen, werden diese Funde publiziert und innerhalb dieser Reihe der Öffentlichkeit in loser Reihenfolge zur Verfügung gestellt.

---

1   *Friedrich Carl Rohde, Kriegsgeschichte Schleswig-Holsteins, Neumünster 1935, S. 113-121. Jan Schlürmann, Die Schleswig-Holsteinische Armee 1848-1851, Tönning 2004. Vgl. das ausführliche Literaturverzeichnis zu Manuel Raschke, Die Schleswig-Holsteinische Erhebung 1848-1851, in: Eva S. Fiebig und Jan Schlürmann, Handbuch zur nordelbischen Militärgeschichte, Husum 2010, S. 543f.*

Wir wünschen Ihnen viel Vergnügen bei der Lektüre und bleiben Sie uns gewogen.

Borsfleth / Glückstadt im Herbst 2018   *Christian Boldt,*
Sönke Loebert,
Michael Boldt

Einleitung

Die Quelle ist im Dezember mit ca. 5.000 Büchern der Schullehrerbibliothek des Detlefsengymnasiums als Schenkung in das Stadtarchiv/Detlefsen-Museum gelangt mit der Signatur No 3121, Jc, 7a.

Es handelt sich um die persönlichen Erinnerungen des Rentiers Ernst Schröder[1] (1827–1905) aus Glückstadt, die dieser in handschriftlicher Form als dünnes gebundenes Heft im DIN A4-Format der Bibliothek des Glückstädter Gymnasiums schenkte. Er selber war ehemals Schüler des Gymnasiums, ein ehemaliger Primaner.

Es handelt sich bei dem Manuskript um eine mit Bleistift geschriebene Abschrift von Briefen, die er während des Feldzuges von 1849 an sein Zuhause geschrieben hat. Ernst Schröder diente als Einjährig-Freiwilliger Sergeant in der 4. Kompanie des 10. Schleswig-Holsteinischen Infanterie-Bataillons. Im Alter von 30 Jahren heiratete er am 1. Juli 1858 Anna Catharina Margaretha Elisabeth Ehlers. Die Abschrift einiger seiner eigenen Briefe erfolgte im Jahr 1869. Vermutlich war dies auch das Jahr der Schenkung an seine ehemalige Schule. Seinen Lebensunterhalt verdiente er als Kaufmann. 1901 wurde er Vorstand des Creditvereins in Glückstadt.[2]

Der Text folgt der Vorlage; Orthografie und Ausdruck wurden folglich beibehalten. Ergänzend wurden von den Herausgebern Fußnoten beigefügt mit wichtigen Hinweisen und Erklärungen. Für biografische Hinweise zum Leben Ernst Schröders danken die Herausgeber dem Kirchenkreisarchiv in Wrist, namentlich Bastian Didszuhn ganz herzlich für die schnelle und sachkundige Hilfe.

Christian Boldt, Sönke Loebert, Michael Boldt

---

1   *Ernst Schröder war der Sohn des Gewürzhändlers Karsten Schröder. Seine Mutter war Katharina Maria Schröder, geb. Raben. Taufpaten waren Frau Kanzleiräthin Anna Hedwig Dorothea Raben, der Obersachverwalter Nikolay Raben und Ernst Albrecht Raben. Mehr zu der einflussreichen Familie Raben bei Eike v. Hacht: Die Familie Raben in Glückstadt, in: Steinburger Jahrbuch 2013, S. 45-66.*

2   *siehe Anmerkung 1, Eike von Hacht, Steinburger Jahrbuch, S. 52f.*

Erinnerungen an den Feldzug der Schleswig-Holsteiner gegen die Dänen im Jahre 1849

Ernst Schröder

Glückstadt, nct. December 1851.

Einleitend bemerke ich, daß ich im August des Jahres 1848, in Rendsburg als Einjährig freiwilliger bei dem neu formirten 10ten Schleswig-Holsteinischen Infanterie Bataillon eintrat, der 4ten Compagnie des Bataillons[1] zugeteilt ward und bis zur Auflösung unserer Armee, im Januar 1851 ununterbrochen stets in derselben Compagnie in Dienst stand. Unser Bataillon ward von Rendsburg sofort nach Glückstadt verlegt zur Ausbildung, später nach Elmshorn, wo wir bis zum Ausrücken ins Feld blieben.

—

1   *Der in Brokdorf geborene und in Itzehoe lebende Paul Trede kämpfte ebenfalls in derselben Kompanie und schrieb seine Erlebnisse seiner guten Freundin Elise in Lütjenburg. Seine Briefe sind wiedergegeben bei Kay Dohnke (Hrsg.): Der Tornister war mein Schreibtisch, Husum 1985. Siehe auch: Jan Ocker: Das Herzogtum Holstein in den Jahren 1848-1851. Eine Spurensuche zum Verhältnis von dänischer zu schleswig-holsteinischer Gesinnung im heutigen Kreis Steinburg, in: Christian Boldt (Hrsg.): 400 Jahre Glückstadt. Festschrift der Detlefsen-Gesellschaft zum Stadtjubiläum, Norderstedt 2017, S. 243-277.*

Flensburg, 19. März 1849

Endlich habe ich Zeit und Gelegenheit Euch einige Mittheilungen über mich zukommen zu lassen. - Es geht mir Gott sei Dank: gut. An das Tragen des ziemlich schweren Gepäcks habe ich mich schon so gewöhnt, daß ich nicht sehr ermüdet mehr davon werde. Ich habe es bis auf einen Tag, an welchem für die ganze Compagnie das Gepäck auf Wagen kam, immer getragen. Meine Kameraden haben sich darüber gewundert, umsomehr, als verschiedene große, starke, an schwere körperliche Arbeit gewöhnte Leute der Compagnie, ihr Gepäck auf die Bagagewagen haben abgeben müssen.

Am Sonntag, den 11. März, marschirten wir aus Elmshorn, unserem bisherigen uns so lieb gewordenen Garnisonsorte. Eine große Menge Menschen begleitete uns, von denen Manche mit Thränen in den Augen uns den Abschiedsgruß zuwinkten. Wir marschirten am ersten Tage nach einem kleinen Dorf bei Hörnerkirchen, von wo aus wir wieder in kleineren Abtheilungen nach verschiedenen Dörfern und Höfen detachirt wurden. Ich ward mit dem Lieutenant Herrn v. Below und 24 Mann auf einem Gehöft einquartiert und verlebte den Nachmittag im Zimmer dieses liebenswürdigen Offiziers, der mir Zeitungen und Cigarren, auch Wein, verabreichte, höchst gemüthlich. /: Lieutenant v. Below fiel leider beim Sturm auf Friedrichstadt :/[2] Ein bequemes Nachtlager ließ der Leutnant mir in seinem Zimmer zurecht machen und Ihr könnt denken, wie glücklich ich mich fühlte.

Am 12ten marschirten wir nach Hennstedt, wo ich schlechtes Quartier und schlechte Verpflegung hatte.

Am 13ten gings nach Lundstädt. Hier hatten wir einen Rasttag, der zur Instandsetzung unserer Sachen /: Waffen, Uniform u.s.w. :/ benutzt ward. Am 15ten machten wir einen größeren Marsch, 4½ Meilen[3], nach Norby und rückten Mittags 12 Uhr in Rendsburg ein, wo wir Hirschfänger und Schanzzeug ausgeliefert erhielten. Am 16ten langten wir in

---

2   *Gerd Stolz: Der Kampf um Friedrichstadt im Jahre 1850, Husum 2000.*

3   *Klaus-Joachim Lorenzen-Schmidt: Kleines Lexikon alter schleswig-holsteinischer Gewichte, Maße und Währungseinheiten, Neumünster 1990, S. 25 und S. 39: 1 Meile (Herzogtümer) = 24 000 dän. Fuß, 1 dän. Fuß = 0,31385 m also 4,5 Meilen = 33,9 km.*

dem so patriotisch gesinnten Schleswig an. Ich sah nur wenig von der Stadt, weil ich vom Marschiren zu müde geworden war. Mein Quartier bei einem Schlachtermeister war ein recht gutes. - Am 17ten marschirten wir nach Schmedeby, einem 5 Minuten von der Chaussee gelegenen Dorfe, ärmliche Verhältnisse. Mein Wirth klagte über die viele Einquartierung im letzten Jahr. Der sogenannte Pesel /: das Staatszimmer :/ war zum Speisesaal eingerichtet. Das Mittagsessen bestand aus einer fürchterlich schmeckenden Suppe, mit harten Klößen. Sonderbarerweise hatte unsere Compagnie in all den verschiedenen Quartieren der Dörfer ganz dieselbe Suppe erhalten, welche mit dem Namen „ ....eerensuppe " belegt ward. Nachmittags wurde ein an der Chaussee belegenes Wirthshaus, in dem wir uns restaurirten, von mehreren von uns besucht. Gestern, also am 18ten März, rückten wir, Mittags 11 Uhr, hier in Flensburg ein. Das Musikkorps des 9ten Bataillons empfing uns dicht vor der Stadt, was einen günstigen kameradschaftlichen Eindruck auf uns machte. Unser Bataillon ward im Norden der Stadt einquartiert, wo bekanntlich fast nur dänisch gesinnte wohnen. Mein Quartier ist bei einem Seegelmacher Maak, einem dänisch gesinnten Mann. In den letzten Tagen haben wir unsere Hirschfänger, ohne die niemand ausgehen soll, schleifen müssen. Heute haben wir Rasttag. Es herrscht hier ein bewegtes militairisches Leben. Das 5te, 6te, 7te und 8te Bataillon, auch das 4te Jägercorps sind im Laufe des Tages hier durchmarschirt. Das 9te Bataillon ist heute Morgen nach Apenrade abmarschirt, wohin wir Morgen folgen sollen. -

Apenrade, 24. März 1849

Schreibutensilien und Zeit zum Schreiben haben wir nicht oft: Jetzt bin in der glücklichen Lage, Beides zu besitzen, daher einige Zeilen.

Am 20ten sind wir hier eingerückt. Den Marsch von Flensburg nach hier, /: 3¾ Meilen[4] Chaussee:/ legten wir verhältnißmäßig geschwind zurück. Apenrade ist eine kleine niedlich gelegene Stadt, mit fast nur deutsch gesinnten Einwohnern, die ungemein freundlich und zuvorkommend gegen uns Soldaten sind. Mein Quartier, mit unserm Feldwebel Locht und 2 Unterofficieren unserer Compagnie, ist bei einem alten

---

4   Siehe Lorenzen-Schmidt, also 3,75 Meilen = 28,3 km.

deutschen Kaufmann Jensen. Eine alte brave Haushälterin sorgt für sehr gute Verpflegung. Von Mittwoch bis Donnerstag hatte ich Wachdienst. - In diesen Tagen ward ein Offizier in der preußischen Gardeuniform ein Hauptmann von Brauchitsch zu unserm Compagniechef ernannt. - Heute Morgen, am Jahrestage unserer Erhebung also, hatten wir große Parade zur Feier des Tages, gemeinschaftlich mit dem 9ten Bataillon Herr Oberstlieutenant v. Zastrow[5], der uns vorgestern mittheilte, daß er zum Commandeur der Avantgarde[6], bestehend aus dem 1ten und 2ten Jägercorps, dem 9ten und 10ten /: also unserem :/ Bataillon, der 3ten, 6ten Batterie und der 2ten Schwadron Dragoner, ernannt sei, hielt eine kräftige, patriotische Rede. Daß auch unser Bataillon der Avantgarde zugetheilt sei, verursachte allgemeine freudige Stimmung. Wir hoffen um so eher an den Feind heran zu kommen. - Es arbeiten täglich Mannschaften an den Colonnenwagen, Brücken, u.s.w. - Heute Morgen hörten wir 8 – 12 Kanonenschüsse, wahrscheinlich von dänischen herrührend, von denen man 5 hier in der Nähe gestern gesehen haben will. - Seit einigen Tagen empfangen wir Naturalverpflegung /: Fleisch, Speck, Erbsen u.s.w. :/ Wir Unteroffiziere besorgen die Vertheilung in unserer Corporalschaft, was uns vielen Scherz macht. - Von Politik wissen wir so gut wie Nichts. Ist schon deutsches Militair in Holstein eingerückt? Man sagt hier, es sei in unserm Hauptquartier die Nachricht eingetroffen, alle Friedensunterhandlungen seien abgebrochen. Vorwärts zum Kampf denn und mit Gottes Hülfe zum Sieg!

Apenrade, 29. März 1849

Ihr seht, daß wir noch immer in Apenrade liegen und ich kann nur sagen, wir sind gern hier, obgleich ich seit Gestern bei einem ächten Dänen einquartiert bin. Das Quartier ist trotzdem gut. Ich habe mit unserm Feldwebel ein gemeinschaftliches Zimmer, mit einer famosen Aussicht aufs Meer hinaus. Zu unserm Aerger haben wir freilich seit Kurzem eine dänische Corvette vor Augen, von unserm Zimmer aus deutlich sichtlich. Heute heißt es nun wieder, der Waffenstillstand sei

---

5   *Kommandeur der Jäger-Inspektion. Vgl. Ewald Hoff: Schleswig-Holsteinische*
    Heimat-Geschichte, Bd. 3, S. 187.

6   *Vorhut, Vorausabteilung.*

bis zum 14. April verlängert, ein hoffentlich unwahres Gerücht! - Vorgestern ward ein Transport von dänisch gesinnten von hier aus über die Grenze nach Jütland geschickt. - Vor einigen Tagen fasste ein Soldat unserer Compagnie /: Will aus Kiel :/ einen verkappten Dänen ab, in einer Kneipe. Derselbe bot ihm 10 Rthlr. wenn er zur dänischen Armee nach Alsen desertiren wolle. Unser Will stellte sich nun, als wenn er darauf eingehe, rief aber auf der Straße ein Paar Kameraden herbei, meldete dem Major v. Moocklonsky[7] unserm Bataillons-Commandeur, den Vorfall und arretirte auf dessen Befehl, obigen Landesverräther.

Unser neuer Compagniechef, Herr Hauptmann v. Brauchitsch, hat viele Einrichtungen und Eintheilungen bei unserer Compagnie umgestaltet. Er scheint ein strenger aber tüchtiger Offizier zu sein. Wir Unteroffiziere haben hier vielen Dienst. /: Wachen, eine ganze Compagnie auf ein Mal, Ordnungsdienst, Schreiberdienst u.s.w. :/ trotzdem Lust und Liebe zum Soldatenleben! Unser Landsmann Boy Simon, der 6 Wochen lang als Arrestant in Glückstadt brummte, wegen Widersetzlichkeit gegen den Unteroffizier Bohde aus Kiel, ist hier ganz fidel bei der Compagnie wieder eingetroffen.

Apenrade, 1. April 1849

Morgen geht es endlich, Gott Lob! Wieder vorwärts, dem Norden zu, nach Dyernis, von dort aus hoffentlich nach Hadersleben. Badenser[8] werden uns hier ablösen. - Wieder eine Menge von Gerüchten über Koldinger Schanzen, Friedensunterhandlungen u.s.w. Die dänische Corvette liegt hier noch immer vor unsern Augen, zuweilen zeigt sie ihren Dannebrog, der sich freilich unseren 3 farbigen Flaggen gegenüber, welche auf unseren Strandbatterien wehen, schlecht genug ausnimmt. Der Commandeur der Corvette hofft natürlich, daß unsere Truppen die Chaussee passiren werden, wo sie so schön durch die Corvette beschossen werden können, aber daraus wird nichts; wir haben einen Colonnenweg neben der Chaussee, auf dem wir ganz gedeckt marschiren können. - Nach den bei uns eingetroffenen Nachrichten scheint man sich für unserm Wintercantonement Elmshorn noch immer sehr zu in-

---

7 Siehe Hoff, S. 187: Major Marklowsky, Kdr 10. Bataillon II. Infanterie-Brigade.

8 Kontingent der Reichsarmee.

teressiren; man spricht dort von Gefechten, die wir bestanden hätten, nennt die Zahl unserer Todten und Verwundeten u.s.w. Sollte nun in Glückstadt ähnlich erzählt werden, so kann ich Euch versichern, daß bisher weder bei uns, noch bei den anderen Truppentheilen irgend etwas erhebliches passirt ist. - Meinem Grundsatz solide zu leben, bleibe ich treu, für die Ertragung der Strapazien, die häufig recht groß sind, ist es durchaus erforderlich. - Unsere Beköstigung bei unserm überfreundlichen, dänisch gesinnten Quartierwirth, ist nach wie vor, ganz gut und zufriedenstellend. Eigenthümlich ist es, daß wir stets ungeschälte „Kartoffeln" bekommen, selbst zum Braten.

Apenrade, 6. April 1849

Tags nach Absendung meines letzten Briefes an Euch, also am 2ten April, marschirten wir nach Jersy, ¾ Meilen[9] von hier. Am 3ten rückten wir weiter nach Hoptrupp, /: hier war bekanntlich im vorigen Jahr ein Gefecht zwischen dem v.d. Thann`schen Freicorps und den Dänen, in welchem letztere 1 Kanone verloren :/[10] Gegen Mittag traf eine Abtheilung Hanseatischer Dragoner bei uns ein, welche den Vorpostendienst versehen hatten; es waren ihnen in einem Gefecht /: Vorpostengefecht :/ 2 Pferde erschossen. Wir erwarteten noch an demselben Tage ins „Feuer" zu kommen, da die Dänen, nach Aussage von Flüchtlingen, deutsch gesinnten natütlich, mit 5 Batterien und entsprechenden Truppentheilen von Norden heranrückten. Es ward 2 Mal Generalmarsch geschlagen, das war aber auch Alles, was passirte. - Wir rückten nun Abends gegen 11 Uhr wieder in Apenrade ein, müssen aber schon am nächsten Morgen 4 Uhr wieder ausrücken, dies Mal südlich, auf dem Colonnenwege hinterm Holz herum. Wir glaubten Alle mit Sicherheit, es würde ins Gefecht gehen und freudig waren wir gestimmt. Gegen 9 Uhr Morgens trafen wir beim Dorf Feldstedt[11] ein, im Sundewittschen und bivouaquirten[12] hier mit dem 2ten Jägercorps, den 9nern, auch

9   *Siehe Lorenzen-Schmidt, also 0,75 Meilen = 5,7 km.*

10   *Siehe Hoff, S. 163, am 5. Juni 1848 trifft das Freicorps v. d. Tann bei Hoptrup auf die dänische Vorhut von Oberst Juel.*

11   *Felsted.*

12   *biwakierten (Bivouak = Biwak).*

mit Badensern und Würtenbergern. - Einige Stunden hindurch hörten wir Kannonendonner von der Seeseite her; die ersten Schüsse wurden mit Hurrah begrüßt! - In unserm Bivouak ward nun Feuer angemacht, Stroh geholt fürs Nachtlager u.s.w. Mein von unserm Waffenmeister Körner bereitetes Mittagsessen bestand aus einer von Speck und Brod in Wasser gekochten Suppe, die uns vortrefflich mundete. Später trank ich in einer Kathe etwas dünnen schwarzen Kaffee. -

Wider Erwarten erhielten wir gegen 6 Uhr Abends Marschorder nach Stübbek[13]. Auf dem Marsche nach dorthin, stießen wir auf Leute von unserm 1. Jägercorps. Die Jäger hatten sich Morgens lange kämpfend in Hadersleben gehalten, gegen eine große dänische Uebermacht. Flüchtige Hadersleber Bürger versicherten, daß die Dänen verhältnismäßig viel verloren hätten. In Stübbek blieben wir gestern noch den ganzen Tag; Abends jedoch, nachdem wir uns schon zum Schlafen niedergelegt hatten, wurden wir plötzlich wieder alarmirt und marschirten nach Apenrade wiederum. Der Schützenzug unserer Compagnie, dem ich als Unteroffizier angehöre, hatte einen höchst beschwerlichen Marsch zu machen. Erst mußten wir /: wir bildeten die Arrièregarde[14] :/ in einem Gehölz, wo der Weg sehr tief war und die Colonne nicht rasch vorwärts konnte, eine halbe Stunde still stehen; später mußten wir im Trab laufen, um die Wagen wieder einzuholen. Durchnässt von Schweiß trafen wir Nachts 1 Uhr in Apenrade ein.

Am 6ten April, 6 Uhr Morgens hatten wir Appel mit vollständigem Gepäck: Ich ward mit 22 Mann als Wachtcommandeur auf die Süderthorwache commandirt, wo ich denn auch diesen Brief schreibe. Ich war insofern glücklicher daran, als manche meiner Kameraden der Compagnie, welche ungemüthlich Feldwachen beziehen mußten. Das 9te Bataillon ist heute Morgen nördlich marschirt. Wir erwarten hier Truppentheile der 1. Brigade[15] zur Ablösung. Hoffentlich sind wir Ostern in Jütland, da man hier allgemein glaubt, der Feind wird nicht Stand halten.

Der Dienst fängt an, anstrengender zu werden, Strohlager anstatt der weichen Federbetten zu Hause, Mittags mitunter nur Brod und Speck

13 Stubbæk.

14 Nachhut, zur Rückzugsdeckung bestimmte Truppe.

15 Kommandeur Generalmajor Graf von Baudissin, siehe Hoff, S. 187.

u.s.w. Aber – wir sind stets unverdrossen. - Gestern sollen hier einige dänische Matrosen an Land gewesen sein: auch will man wissen, daß 1 Corvette, 3 Dampfschiffe und 5 Kanonenböte der Dänen in der Nähe sind, also eine ganze Flottille. Ob Landungsversuche gemacht werden sollen? Der Glückstädter Kamerad H. Schenk, der als Spion fortgeschickt war vom Bataillon, brachte jene Nachrichten mit. Alle Eingänge zur Stadt sind militairisch besetzt; ohne Erlaubnißschein vom Commandanten darf Niemand hinaus. Alles, was herein will in die Stadt und verdächtig scheint, wird sofort von uns arretirt, so eben noch ein junger Bauer von 20 – 24 Jahren. - Wir hören hier, das dänische Kriegsschiffe bei Eckernförde von unseren Schanzen dort, stark mitgenommen sind[16]. Ob das wahr ist? Zur Feier des Tags /: wir haben ja den Charfreitag :/ gab es heute famoses Mittagsessen: Suppe, Braten u.s.w. Gestern sind einige Bomben von den dänischen Schiffen auf das hiesige Schloß geworfen, welches dadurch stark beschädigt wurde. Ich sah eben 2 der feindlichen Geschosse.

Hadersleben, 9. April 1849

Also immer weiter nach Norden! Aber noch keinen dänischen Soldaten gesehen, trotzdem unser Bataillon bei der Avantgarde steht!

Am 7ten Mittags marschirten wir zum 3ten Mal aus Apenrade und zwar nach Gyenner[17], von wo wir wieder am 8ten ausrückten, nördlich. Dicht vor Hadersleben brachte uns eine Estafette den Befehl, dem 9ten Bataillon, welches ¼ Stunde von Hadersleben auf den Feind gestoßen sei, zur Hülfe zu eilen. Im Geschwindmarsch ging es durch Hadersleben; es wurden Angriffscolonnen formirt und näherer Befehl erwartet. Leider kommt die Nachricht, der Feind habe sich schleunigst zurückgezogen. 3 Verwundete und einen nicht Blessirten, den Unsrigen als Gefangene überlassend. - In Hadersleben mußten wir nun Alarmhäuser beziehen, d.h. Massenquartiere in großen Säälen, mit Strohlager. Die letzten 3 – 4 Tage vorher hatten die Dänen diese Räume belegt gehabt. Ein Theil

---

16 Am 5. April 1849 versenkte die Eckernförder Strandbatterie u.a. das dänische
    Linienschiff „Christian VIII." Siehe Informationsblatt Nr. 25 des Glückstädter
    Detlefsenmuseums und auch Hoff, S. 190ff.
17 Genner.

*Die Christian VIII. war ein dänisches Linienschiff, das während des Schleswig-
Holsteinischen Krieges 1849 im Gefecht bei Eckernförde durch deutsche Strandbatterien in Brand geschossen und daraufhin durch eine Explosion zerstört wurde. Quelle: Wilhelm Blos: Die deutsche Revolution. Geschichte der deutschen
Bewegung von 1848 und 1849. Stuttgart 1893, S. 535.*

unserer Compagnie bivouakirte bei der 3ten 6pfündigen[18] Batterie, wo die armen Teufel eine schändlich kalte Nacht verlebten. Das Gesicht eines unserer Unteroffiziere ist ganz geschwollen. Heute Morgen 9 Uhr wurden wir hier bei den Bürgern einquartiert. Der Unteroffizier Meyn unserer Compagnie /: ein Sohn des Prof. Meyn in Kiel :/ und ich erhielten ein brillantes Quartier bei dem Eisengießereibesitzer Bönnichsen, einem echten Deutschen, der mit meinem Bruder Ferdinand befreundet ist. Hadersleben gefällt mir; es ist eine echte deutsche Stadt; liebenswürdige Einwohner, die uns viel erzählen von den 15 – 1600 Dänen, die hier waren. Also doch wahr! Welch glorreicher Sieg der Unsrigen bei Eckernförde! Alles ist hier voll Jubel und voll Freude darüber. Unser commandirender General, unser Vater Bonin, wie wir ihn nennen, soll über die Siegesnachricht überaus glücklich sein. Hoch unsere braven Kanoniere!

Hadersleben, 12. April 1849

Am 10ten marschirte das 4te Bataillon hier ein, das uns Abends 11 Uhr von den Wachen ablöste, mich von einer Wache in einer Scheune auf dem Wege nach Moltrup. Alle Eingänge der Stadt Hadersleben waren durch Barrikaden versperrt. Am 11ten Morgens 7 Uhr rückte unser Bataillon in Verbindung mit einer Eskadron unserer Dragoner, zum Recognosciren[19] aus, unter Commando unseres Avantgarden Commandeurs, des Herrn Oberstlieutenant v. Zastrow. Mit der größten Vorsicht ging es nordwärts über Christiansfelde bis nach dem Dorfe Wondsied [20] circa ½ Meile diesseits Kolding belegen. Dies Dorf ward nun von unserer Compagnie besetzt, um den vorrückenden Truppen den Rücken zu decken. Wir hatten einen Posten oben im Thurm, von wo aus man einen weiten Ueberblick hat. - Unser Bataillon marschirte bis dicht vor die Stadt Kolding /: bis Bellevue, einem diesseits der Grenze belegenen Wirthschaftslocal :/ und unser Bat. Musikcorps erhielt den Befehl, den Dänen jenseits der Grenze unser ihnen so verhaßtes Schleswig-Holstein Lied vorzublasen. Einige dänische Husaren, die diesseits Kolding auf

18 *Im Original ist hier das alte Pfundzeichen verwendet.*
19 *Erkundung/Aufklärung.*
20 *Vonsild.*

Vorposten standen, zogen sich beim Anmarsch unserer Truppen rasch zurück: In Kolding ward inzwischen Generalmarsch geschlagen und viel Lärm gemacht, da man nicht wissen konnte, ob nicht auf die Stadt ein Angriff gemacht werden sollte. -

In Wondsied ward ein Bauer, der auf einen unserer Dragoner geschossen haben sollte, arretirt; gleichfalls in einem andern Dorf ein Bauer, den man für einen Spion hielt. Letzterer war ein fürchterlich großer Kerl mit Tredskoc. Bekanntlich ist die Bevölkerung hier im nördlichsten Schleswig überwiegend dänisch gesinnt. -

In Wondsied wurden neue Wagen requirirt für unser Gepäck und Marode[21], von denen es auf dem Rückmarsch ziemlich viele gab. Einen Wagen zu besteigen, dazu konnte ich mich nicht entschließen, obgleich ich freilich sehr marode war. - In einem Wondsiedschen ganz guten Wirthshause konnte man Brod und Milch erhalten, als Ersatz fürs Mittagessen. - Nach langem Warten kam endlich der Befehl zum Rückmarsch und Abends 10 Uhr trafen wir denn todtmüde wieder in Hadersleben ein. Da die Entfernung von Hadersleben bis Kolding 4 Meilen beträgt, hatten wir also an jenem Tage einen Marsch von 8 Meilen[22] gemacht, worüber sich Bürger und Militair wundern. Unser Bataillon hat sich durch diese Leistung ein gutes Renommee verschafft. Mit Hurrah! Empfing uns das 9te Bataillon, welches nördlich von Hadersleben auf Vorposten stand. Heute, am 12ten hatten wir Ruhetag. Heute Nachmittag wurden die beiden, durch die 9ner /: im Vorpostengefecht bei Hadersleben :/ verwundeten Dänen, mit militairischen Ehren, hier beerdigt. - Man will von einem 3tägigen Waffenstillstand wissen.

Höckelberg[23], 18. April 1849

Seit 5 Tagen liegen wir hier in diesem Dorf, ½ Stunde von Christiansfelde und führen ein ödes, langweiliges Leben. Jeder kocht und brät für sich selbst, so gut wie es geht; nun, das Essen wird dann auch meistens darnach, und oftmals denke ich an den guten Mittagstisch, den ich zu Hause und später in Altona hatte. - Wir liegen hier auf Vorposten und

---

21 *Kranke.*

22 *ca. 60 km.*

23 *Høkkelbjerg.*

haben ziemlich vielen Wachdienst. Das Strohlager ist unser Federbett. Vorgestern wurden wir allarmirt, weil sich eine dänische Abtheilung unsern Vorposten näherte. Dieselbe zog sich aber bei unserm Anrücken so schleunig zurück, daß wir gar nicht zum Schuß kamen. - Das schöne Wetter in den letzten Tagen war uns sehr willkommen; im Übrigen hoffen wir in den nächsten Tagen in Kolding zu sein, das nur schwach besetzt sein soll. Nun, unser muß es unter allen Umständen werden, wenn auch mit stürmender Hand!

Wranderupgaard, 21. April 1849

Am 18ten zogen wir westlich vom Dorfe Wondsied auf Vorposten. Lieutenant Becker kommandirt die Feldwache in einem Gehölz, der Unteroffizier Wichmann und ich zugetheilt waren. Ein Theil unserer Compagnie lag einige hundert Schritte auf einem Gehöft als Replis[24]. Nachts 4 Uhr ward in Wondsied Generalmarsch geschlagen; uns ging jedoch der Befehl zu, vorläufig in unserer Stellung zu bleiben. Das 2te Jägercorps rückte als Vortrupp gegen Kolding vor, ihm folgten die 9ner, das 1te Jägercorps und ein Theil der 10ner. Die 2te Compagnie des letzteren Bataillons, unter Hauptmann v. Düsterloh ward gegen Seest[25] dirigirt. - Gegen 6 Uhr fielen die ersten Schüsse; das 2te Jägercorps drang muthig vor bis dicht an die Stadt, deren Häuser stark vom Feinde besetzt waren; die Fenster waren ausgemauert und mit Schießscharten versehen. Das Thor /: Süderthor :/ verbarrikadirt. Endlich gelingt es den Jägern, die äußeren Häuser zu nehmen, bald darauf die Barrikade. Der Feind weicht. - Unsere tapferen Jäger haben leider einen beliebten Offizier, den Lieutenant Hamel aus Altona und 30 – 40 Mann verloren. 18 Dänen wurden zu Gefangenen gemacht. - Als wir Ordre erhielten unseren Posten zu verlassen, rückten wir im Eilmarsch vorwärts nach Kolding, die Stadt war jedoch bereits in den Händen der Unsrigen. Auf dem Marsche nach Kolding ritt uns Vater Bonin vorbei, der sehr fidel schien. - Im südlichen Theil der Stadt Kolding sah es bös aus. Die Häuser zerschossen und viele Einwohner geflüchtet. Nach einem mehrstündigen Aufenthalt in Kolding erhielten wir Marschbefehl nach dem westlich belegenen Dorf

---

24 *Repli = zurückgehaltener Unterstützungstrupp.*
25 *Westteil von Kolding.*

Wanderupgaard in Jütland. Wir sind unendlich froh endlich die dänische Grenze überschritten zu haben, aber mißgestimmt, daß wir noch immer nicht im Feuer waren. - Die Hauptmacht des Feindes soll sich nach Fridericia zurückgezogen haben. Auf dem Hofe, auf welchem wir im Quartier liegen, ist auch unser Major v. Marklowsky einquartiert. Ich halte mich viel im Bataillonsbüreau auf. Eine Tonne schöner Dickmilch steht zu unserer Verfügung und schmeckt uns vortrefflich. -

Kolding, 24. April 1849

Das war ein heißer Tag, der Gestrige! Viele meiner braven Kameraden haben ihr Blut und ihr Leben hingegeben fürs Vaterland! Aber Gott sei Dank! Der Sieg ist unser!! Nachdem unser Bataillon am 21ten wieder in Kolding eingerückt war, kam ich mit 48 Mann bei einem Kaufmann im südlichen Theil der Stadt in Quartier und hatte dasselbe noch immer, als gestern Morgen 8 Uhr Generalmarsch geblasen ward. In der größten Eile ging es nach unserm Alarmplatz auf dem Südermarkt. Wir hörten bereits Schießen in der Ferne, bald näher und immer näher. Es fliegt eine Granate über uns weg und schlägt in ein Haus hinter uns ein; kurz darauf fliegt eine Flintenkugel über unsere Köpfe und geht 4 – 5 Schritte hinter uns durch eine Fensterscheibe. Dies waren also die ersten dänischen Kugeln, mit denen ich nähere Bekanntschaft machte. Das Schießen ward immer heftiger, es krachte und rasselte von den Dächern herunter, unaufhörlich. Ein Trupp dänischer Husaren, große starke Leute, wird bei uns vorbeigeführt. Sie sind bei einem Angriff auf eine kleine Schanze, welche vom 1ten Jägercorps unter Hauptmann von Schöning besetzt war, gefangen genommen. Alle Barrikaden, die Ausgänge der Stadt, viele Häuser werden von den Unsrigen besetzt; von einem Theil unserer Compagnie die Süderstraße. In den Straßen wogt der Kampf hin und her; bald rücken die Unsrigen vor unter Hurrah und unter Trommelwirbel, bald geht es rückwärts; plötzlich erhalten wir Befehl, „Langsam zurück"! Die Stadt wird nach und nach von unsern Truppen geräumt, aber von 2 unserer Batterien, die auf den Höhen südlich der Koldingau postirt sind, heftig beschossen, zum Theil über unsere Köpfe

weg. Die 3te 12er Batterie kommt im Galopp von Christiansfelde heran-
gesaust, protzt[26] ab,und feuert aus Leibeskräften gleichfalls in die Stadt
hinein. Wir nehmen Stellung unmittelbar an der Königsau, dicht vor
der Stadt. Das 4te Bataillon und das 3te Jägercorps stehen etwas hinter uns in Schlachtordnung. Kolding brennt an vielen Stellen lichter-
loh! Da haben sie ihren verdienten Lohn, ruft der Major v. Hacke vom
9ten Bataillon. Es wird nämlich fest behauptet, daß auch von Civilisten,
aus den Fenstern auf die Unsrigen geschossen ward. Unser Bataillon
erhält nun Ordre nach dem Centrum -, also nach Westen, abzurücken.
Eine Abtheilung unserer Dragoner macht, nach Ueberschreitung der
Königsau, eine Anzahl Gefangene. 33 von ihnen wurden durch unsern
Schützenzug eine Strecke Wegs escortirt; sie trugen rothe Schnizel und
Kajutröcke und hatten dumme Gesichter. Selbstverständlich wurden
sie gut von uns behandelt; wir gaben ihnen Brod und Schnaps, wofür
sie mange tak[27] uns zuriefen. - Wir mußten nun in Dalby Vorposten
beziehen. - Am 23ten Nachmittags ward Kolding vom 3ten Jägercorps
wiederum gestürmt und blieb in unsern Händen. Der Feind zog sich auf
der ganzen Linie zurück.

Bramderup, 27. April 1849

Am 24ten recognoscirten wir auf der Landstraße nach Veile und rückten Abends in Kolding ein. Vom Feind hatten wir nichts gesehen bei
unserer Recognoscirung. - In Kolding sieht es schrecklich aus. 6 – 7
Häuser total nieder gebrannt, viele, viele Häuser stark beschädigt. Es
giebt ganze Straßen, in denen alle Fensterscheiben der Häuser zerschossen oder zerschlagen sind. Das sind die unausbleiblichen Folgen des
Krieges, ja leider!
Am 25. ward auf der nach Friedericia führenden Chaussee recognos-
cirt. Auch hier hatten sich die Dänen ganz zurückgezogen. Weinfla-
schen wurden während der Recognoscirung massenweise von unsern
Leuten geleert; sie stammten aus einem Koldinger Weinkeller. -

---

26 *Trennung des Geschützes von der Protze (Vorderwagen mit Munition und
    Sitzen) zum Gefecht.*
27 *Vielen Dank.*

Am 26ten Mittags rückten wir auf Vorposten bei Bramdrup aus, wo wir auch heute noch liegen, wie Ihr aus meinem Schreiben seht. Schließlich will ich noch zu meiner Freude bemerken, daß es mir nach wie vor gut geht. Aber Strapazen giebt es.

Kolding, 3. Mai 1849

Endlich sind wir abgelöst von dem beschwerlichen Vorpostendienst; aber ein paar interessante Feldwachen, hatte ich; die eine war eine sog. ävamirte oder „stehende Patrouille" ganz westlich und isolirt. Ich löste hier unsern Fourier[28] Fröhlich als Wachcommandeur ab. Die Wache war im Hause einer alten Bauerfrau, die uns freilich mit Speise u. Trank versorgte, gegen Bezahlung, die aber alle Augenblick klagte: I taaler ikke dansk og jeg ikke tydsk og det er slem. /: Ihr sprecht kein dänisch und ich kein deutsch und das ist schlimm:/ Die von mir ausgestellten Posten sahen öfterer feindliche Patrouillen, auch hörten wir schießen in der Ferne. Letzteres rührte daher, wie wir später hörten, daß einige unserer Bataillone ihre Gewehre hatten leer schießen müssen. Nachts ward mir von einem meiner Posten gemeldet, daß ein Paar Bauern, welche er anfänglich für feindliche Soldaten gehalten habe und schon auf sie habe schießen wollen, durch unsere Postenkette herein wollten. Ich ließ sie durch eine Patrouille herbeiholen, examinirte sie und ließ sie alsdann als „ungefährlich und unverdächtig" passiren. - Nach unserm abermaligen Einmarsch in Kolding bin ich in das Haus eines jüdischen Webers Cohn einquartiert. Derselbe ist mit Weib und Kind geflüchtet, nur ein deutscher, taubstummer Geselle war zurück geblieben, der aber baldigst von uns weg nach Schleswig dirigirt ward. In den Zimmern dieses Hauses sah es beim Betreten desselben, schlimm aus. Die Schiebladen in den Möbeln waren offen gerissen, die Stuben lagen voll von Bettzeug, Kleidungsstücken u.s.w. Wer hatte hier gehaust? Hoffentlich der dänische Pöbel[29]! Weshalb sind denn auch selbst die Männer aus so vielen Häusern davon gerannt? Da wir Hunger und Durst hatten, versorgten

---

28 *Versorgungsunteroffizier.*

29 *Es waren offensichtlich die Schleswig-Holsteiner, siehe Gerd Stolz: Die Schleswig-Holsteinische Erhebung, Husum 1996, S. 129f.*

23

wir uns aus der Küche mit Mehl, Butter u.s.w. Und kochten und brieten nach Herzenslust.

Eritsoe[30], 9. Mai 1849

Von unserm vorgestrigen Gefecht, der Schlacht von „Gudsoe" am 7ten Mai, werdet Ihr bereits gehört haben. Ein neuer Sieg! - Schon am Abend des 6ten Mai wußten wir, daß es am nächsten Tage etwas geben wür-de. Ich hatte nämlich vom Avantgardencommando den Befehl für den nächsten Tag, als Unteroffizier du jour, abholen müssen, und die Ordre lautete: am nächsten Morgen 6 Uhr marschbereit. Das 1te Jägercorps, welches den Ruf hat, es sei unsere beste Truppe, bildete die Avantgar-de; die 9ner , die 2ten Jäger, dann die 10er folgen, es geht vorwärts auf der Chaussee nach Friedericia. Die feindlichen Vorposten wurden rasch von unsern Jägern zurückgedrängt; jedoch beim Dorfe Gudsoe hatte sich der Feind stark verschanzt. Das Dorf liegt tief, jenseits desselben starke Höhen, die mit Artillerie besetzt sind. 3 Kanonenböote, die in der Bucht liegen, unterstützen die Landtruppen in ihrer so günstigen Stel-lung. Unsere erste Brigade macht einen Flankenangriff und der Feind ist endlich gezwungen, seine Stellung aufzugeben. Es war Stundenlang eine fürchterliche Kanonade aus all den Geschützen vom Lande und vom Wasser her und mußte unsere Compagnie zuvorderst als Bede-ckung hinter einer unserer Batterien stehen, wo uns fortwährend die Granaten um die Köpfe sausten. Die Schüsse von den Kanonenboten reichten meistens nicht weit genug und schadeten uns dadurch auch wenig. Das Dorf brannte, unsere 9er stürmen es; einem ihrer Compag-nieführer, Pr. Lieutenant[31] Grabener, wird leider durch eine Kanonen-kugel der Kopf zerschmettert, und jetzt erhalten auch wir den Befehl zum Vorwärts! Also vorwärts, und hindurch durchs brennende Dorf im Laufschritt, vorbei bei jammernden und schreienden Männern, Frauen und Kindern, deren Hab und Gut vernichtet wird durch die hochauflo-dernden Feuersäulen, ihm nach, dem fliehenden Feinde, der uns unse-re Selbständigkeit rauben, unser Schleswig-Holstein mit Füßen treten wollte! Der Feind lief stark, wir aber auch, endlich, bei einem kleinen

---

30 *Erritsø.*

31 *Premier-Lieutenant = Oberleutnant.*

Gehölz, ich meine, es heißt Hennebygaard, dicht an der Chaussee, hat er Stellung genommen. Wir avanciren[32], stets vom Chausseegraben aus schießend, bis das Holz unser ist. Unser Schützenzug, der die Tête[33] der Colonne bildete, hatte 3 Verwundete. Unser Hauptmann v. Brauchitsch war der vorderste unseres Zuges, er blieb stets auf der Chaussee ohne jede Deckung; ihm folgte unser Zugführer Lieutenant v. Sanders-Hoffmann, beide mit gezogenem Säbel natürlich, aber so kalt und ruhig, als wäre es im Felddienst. Ich glaubte nun, wo die beiden Herren Offiziere marschiren während des Gefechts, kannst du es auch. Aber nach geraumer Zeit hieß es zu meinem Leidwesen vom Hauptmann: Gehen Sie in den Chausseegraben, Unteroffizier Schröder! - Wir stürmten immer vorwärts, vor uns 2 Bataillone Dänen mit ihren Danebrogfahnen. 2 unserer Geschütze kommen auf der Chaussee dahergesaust. Letztere war stellenweise offen gegraben, um unsere Cavallerie und Artillerie aufzuhalten. Es genügen ein Paar Kartätschenschüsse, um die ganze dänische Colonne in Unordnung zu bringen. Der Däne retirirte[34] fürchterlich: bald fanden wir fortgeworfene Tschackos[35], bald Kochkessel und andere Sachen. - Abends gegen 10 Uhr bezogen wir ein Bivouaquie. Wir waren todmüde. Meine Schultern schmerzten mir heftig von dem 15stündigen Gepäck tragen. Aber wir hatten gesiegt, wiederum gesiegt, und das half uns über alle Schmerzen hinweg. - Es ward nun Stroh requirirt, und wir schliefen in der sehr kalten Nacht unter freiem Himmel. - Gestern haben wir uns hier von Wagenbrettern, Thüren u.s.w. Hütten gebaut. Die Festung Friedericia und auch die Insel Fünen sehen wir deutlich vor uns. -

Eritsoe, 14. Mai 1849

Wir liegen hier noch immer in Hütten, abwechselnd in den von uns gebauten, in denen der 9ner und denen des 2ten Jägercorps, alle mehr und weniger dicht am Strand belegen. Im Dorf sind 2 – 3 Häuser gänzlich

32 *Avancieren = Vorgehen gegen feindliche Stellung.*
33 *Tête = vorderste Abteilung einer Truppe.*
34 *Retirieren = sich zurückziehen.*
35 *Tschako = militärische Kopfbedeckung v. Leder mit nach hinten geneigtem Deckel, Vorder- und Hinterschirm.*

niedergerissen und ist das Material an Holz zum Hüttenbau verwandt worden.

Gestern Nacht 2 Uhr wurden wir allarmirt. Die Dänen griffen unsere Vorposten an, wurden jedoch vom 5ten und 9ten Bataillon zurückgeschlagen. - - - Da wir hier selber kochen, bitte ich um Zusendung folgender Victualien: Reis, Zucker, Caffee u.s.w.

N.S. In der letzten Nacht ist hier Belagerungsgeschütz von Rendsburg eingetroffen.

Eritsoe, 22. Mai 1849

Diese Nacht, wir waren auf Strandwache, ward wieder allarmirt. Die 1te Compagnie des 4ten Bataillons nahm ein vom Feinde besetztes Blockhaus und machte die Besatzung zu Gefangenen. Das Blockhaus ward niedergebrannt. Sowohl von der Batterie Stuer auf Fühnen, als auch von den Festungsbatterien ward stark gefeuert, ohne sichtlichen Erfolg, Gott Lob! Wir erhalten jetzt zu unserer großen Freude die Norddeutsche Presse, ziemlich regelmäßig. Es ist doch etwas geistige Anregung bei dem so langweiligen Lagerleben. - In der Kochkunst habe ich noch erhebliche Fortschritte gemacht, besonders, was das Suppenkochen anbelangt.

Eritsoe, 31. Mai 1849

Schickt mir, bitte, meinen Waffenrock: Meiner ist scandalös nach gerade. Vor einigen Tagen erhielten wir eine Anzahl Reservisten als Ersatztruppen; die meisten waren Städter, auch Studenten waren unter ihnen und ich fand einige frühere Bekannte. - Man spricht hier von Waffenstillstand; die Dampfschiffe fahren mit weißer Flagge. - Seit einiger Zeit müssen wir fleißig exercieren, ein wahres Glück! -

Wir verloren leider einen der besten Offiziere unserer Armee, den Obersten St. Paul[36]; er ward in einer der Batterien durch eine dänische Kanonenkugel getötet. Unser so hoch verehrter Generalstabsoffizier

---

36 *Oberst v. St. Paul war Kommandeur der 1. Brigade und für den bei Kolding verwundeten Grafen O. v. Baudissin zugleich Befehlshaber der gesamten Infanterie geworden. Siehe Hoff, S. 209.*

Hauptmann v. Delius[37], hatte ja vor Kurzem das gleiche Unglück; - er ward durch eine dänische Gewehrkugel tödtlich in der Schläfe verwundet und starb nach 3 Tagen.

Eritsoe, 17. Juni 1849

Für die Sendung Victualien, die mir sehr willkommen kam, meinen besten Dank. Bei dem jetzigen heißen Wetter esse ich ungern die schlechte, angebrannte Erbsensuppe mit dem gelben Speck. Seit einigen Wochen wird Corporalschaftsweise gekocht in großen blechernen Kesseln, welche aber leider so dünne sind, daß die Erbsen oder die großen Graupen gewöhnlich anbrennen. Das schmeckt teuflisch! Fleisch und Brod ist bis jetzt meistens gut. Reis erhalten wir leider selten; aber in letzterer Zeit täglich 1 Loth[38] gebrannte Caffeebohnen, die wir bei Weitem dem Brantwein vorziehen. Die Caffeebohnen werden hier vermittelst feindlicher Kugeln, die wir in allen Größen von 6 Pfd – 84 Pfd[39] haben, zermalmt. Weißbrod kaufen wir vom Marketender, soweit sein Vorrath reicht, wir müssen es aber hier sehr theuer bezahlen. L. Simon, als guter Koch in der Compagnie bekannt, kocht mir meinen Caffee meistens, und mitunter etwas extras, und ich zeige mich ihm erkenntlich, indem ich ihn öfterer kameradschaftlich einlade.

Meine Wohnung ist eine geräumige Hütte, welche für uns 14 Mann Platz genug bietet. Vor der Hütte haben wir eine Laube, einen hölzernen Tisch, eine Gras und eine Holzbank. In der Hütte einen kleinen Tisch zum Spielen und Schreiben, 2 hälzerne Böcke, einige Börde, alles von rauhen Brettern natürlich, aber trotzdem für hiesige Verhältnisse eine luxuriöse Einrichtung. Ich habe hier in meiner Corporalschaft einige außerordentlich nette Leute /: u.a. Hageestein u. Thamm :/ auch bin einer der wenigen Glücklichen, die täglich Milch haben, eine ganze Flasche sogar, die ich mir bei einer Frau im Dorf kaufe.

Seit meinem Ausmarsch aus Hadersleben, am 13. April, also in ca. 9 Wochen, habe ich nur einmal in einem Bett geschlafen, nie Kartoffel gegessen, /: wie Ihr wißt, meine Lieblingsspeise :/; letztere sind hier bis-

---

37 *Stabschef von GenLt v. Bonin, siehe auch Hoff, S. 209.*
38 *1 Lot = 240 Grän, 1 Grän = 0,064 g, also 15,36 g, siehe Lorenzen-Schmidt, S. 36.*
39 *Es wurde das alte Pfundzeichen verwendet?*

her ebenso wenig zu haben, wie Suppenkraut u.d.gl. Im Uebrigen habe ich mich an das Strohlager so gewöhnt, daß ich wol zunächst in einem Bett kaum würde schlafen können. - Die Jüt'schen Bauern in hiesiger Gegend sind in der Cultur recht weit zurück, dabei vielfach träge und unreinlich. -

Vor ein Paar Tagen hieß es Glückstadt sei bombardirt, was sich aber bald als unwahr herausstellte. Die Abende sind hier jetzt mitunter ganz gemüthlich. Musik und Gesangsvorträge /: letztere durch unsere hier gebildete Liedertafel :/ Ballspiel u.s.w. Zum Schluß trinke ich dann noch mit meinem Jugendfreunde August Jahn aus Glückstadt, der in meiner Corporalschaft ist und mit Simon, der den Stoff braut, einen Schlummergrogg.

Eritsoe, 29. Juni 1849

Ihr habt mich wieder mit Victualien so reichlich versorgt, wofür ich Euch meinen innigsten Dank sage. Einige der gesandten Kartoffeln ließ ich mit einer Petersiliensauce stoven, andere zu den mitgesandten Palerbsen kochen und heute Mittag ward der Blumenkohl verzehrt. Der Simon hat alles famos bereitet.

Wir fangen an uns immer mehr zu langweilen und wir werden ungeduldig. Was nützen wir dem Vaterland auf diese Weise? Zum General v. Prittwitz[40] haben wir kein Vertrauen, wir sagen es frei heraus. Vorgestern während wir auf Vorposten lagen, gab es wieder ein starkes Artilleriegefecht, und, obgleich wir's ja täglich haben, macht es einem doch Vergnügen, wenn man mehr in der Nähe ist. Am 4ten Juli werden wir zum ersten Mal die Vorposten im Vogelsander Holz[41] beziehen.

Veile, 7. Juli 1849

Von der für uns so unglücklichen Schlacht am gestrigen Tage habt Ihr gewiß bereits gehört. - Von Vogelsander Holz aus hatten wir Feldwachen

---

40 *Der preußische Generalleutnant von Prittwitz ist seit dem 16. März 1849 Oberbefehlshaber der gegen Dänemark aufgebotenen Reichstruppen, siehe Stolz, Schleswig-Holsteinische Erhebung, S. 116.*

41 *Siehe Hoff, Karte S. 208 WSW von Fredericia.*

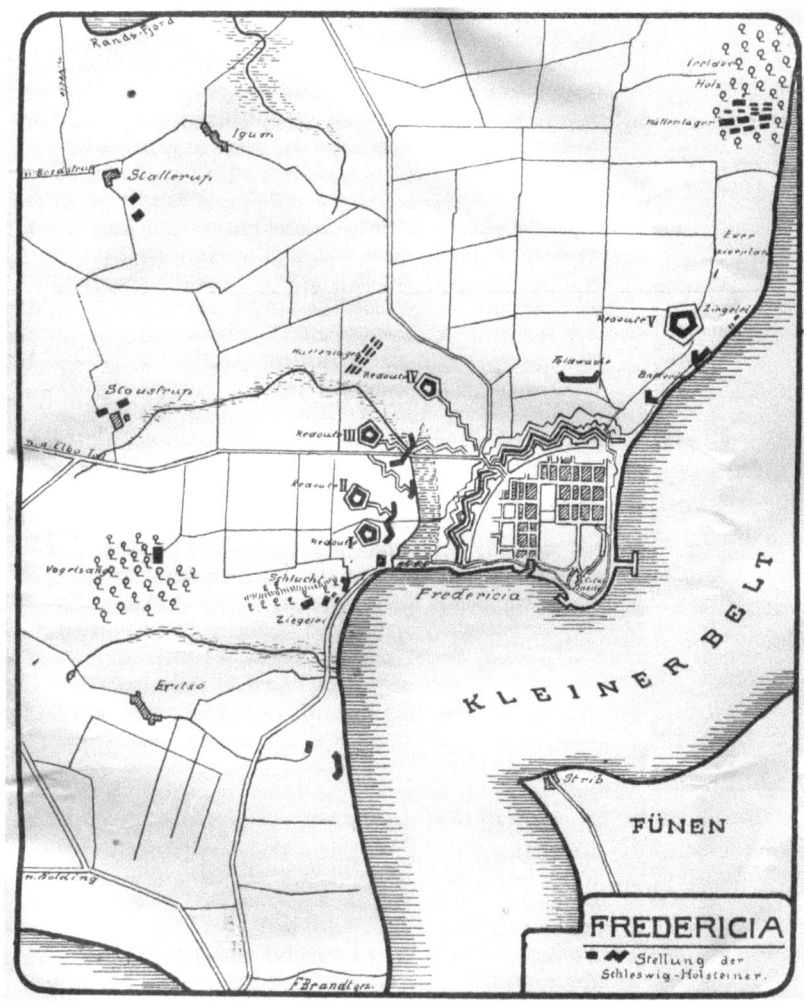

Ernst Schröder war im Vogelsander Holz (Vogelsang, Bildmitte links) stationiert. Bild aus: Schleswig-Holsteinische Heimatgeschichte, 3. Band. Hinrich Ewald Hoff (Hrsg.): Vom Jahre 1815 bis zur Gegenwart, Neumünster 1925, Karte zwischen Seite 208 und 209.

bezogen beim Blockhaus, in der Christiansen'schen Schanze, /: benannt nach dem tapfern Commandeur derselben, dem Hauptmann Christiansen :/ in der unverdrossenen Schanze und der 1ten Redoute[42]. Wir wurden hier von der 1. Compagnie unseres Bataillons abgelöst, in der Nacht vom 5ten auf den 6ten, gegen 1 Uhr[43]. Die meisten unserer Leute waren bereits in den ihnen angewiesenen Strohhütten, da giebt plötzlich der auf einem Hügel vor dem Holz stehende Posten seine Schüsse ab; es wird Allarm geblasen! Erst fallen einzelne Schüsse, dann ganze fürchterliche Gewehrsalven auf unserm linken Flügel. Ein immerwährendes Hurrah! dringt zu unsern Ohren! Nach ein Paar Stunden sehen wir ganze Colonnen unserer Armee, vom linken Flügel zurückgehen, - während wir noch ruhig bei unseren Gewehren stehen. Endlich kommt die Meldung, unsere 1te Compagnie sei in ihrer Stellung, die wir, wie umstehend erwähnt, bis zur Ablösung durch diese Compagnie, inne hatten, angegriffen. Unsere 2te und 3te Compagnie marschirt vorwärts, während unsere Compagnie vorläufig in Reserve gehalten wird. Nach einem kurz anhaltenden Gefecht erhalten unsere Compagnien Befehl sich zurück zu ziehen. Unser Schützenzug schwärmt aus und stellt die Verbindung her zwischen dem 7ten und dem 10ten Bataillon. Wir haben dänische Jäger vor uns und sausen die Kugeln ihrer Riffelbüchsen[44] bereits über unsere Köpfe weg, ehe wir mit unsern viel schlechteren Musketen schiessen können. Wir lassen also den Feind näher heran kommen und feuern alsdann tüchtig darauf los, indem wir uns leider stets zurückziehen müssen. Beim Vogelsander Holz ist der Feldwebel Locht unserer Compagnie mit einem Zuge postirt, der uns aufnimmt. Die Strohhütten am Saum des Gehölzes, wurden auf Befehl des Lieutenants v. Sanders-Hoffmann angezündet, um das Vordringen des Feindes zu erschweren. Bald lodern die Flammen hoch empor. Die Ordnung bei uns läßt zu wünschen übrig, zumal, weil es heißt, wir seien abgeschnitten. - Jenseits des Holzes wird durch Lieutenant v. Below und durch Fourier Fröhlich Alles gesammelt, was zu haben ist, so daß wir

---

42 *Kleine viereckige, rundum geschlossene Feldschanze, siehe Hans-Reimer Möller: Glückstädter Festungslexikon, Glückstadt 2009, S. 38. Es gab 5 davon vor Fredericia, siehe auch Karte von Seite 29.*

43 *Siehe dazu Stolz, Schleswig-Holsteinische Erhebung, S. 136f. und Hoff, S. 210ff.*

44 *Gemeint ist Riflebüchse, das waren im Gegensatz zu den Musketen Gewehre mit gezogenem Lauf. Sie hatten eine größere Reichweite und höhere Treffergenauigkeit. Der Ladevorgang dauerte aber etwas länger.*

„Das Gefecht in der Schlucht auf der Horsenser Chaussee bei Veile. Originalzeich-
nung unsers Specialartisten Otto Günther." aus: Ernst Keil (Hrsg.): Die Garten-
laube. Illustrirtes Familienblatt, Leipzig 1864.

bald 4 – 500 Mann beisammen sind. Unser Befehl lautet: Zurückziehen
auf Stonstrup; dies ist aber bereits vom Feinde besetzt. Unser Zug erhält
wieder Befehl: Ausschwärmen! Unser Zugführer, der brave Lieutenant
v. Sanders-Hoffmann stürmt vorwärts, wir Alle ihm nach bis an einen
Wall heran, wo wir Deckung haben. v. Sanders
selbst, hat auch eine Muskete und feuert mit uns. Mein Nebenmann,
Gefreiter Müller aus Kiel, erhält eine matte, runde Kugel ins Gesicht, die
vor ihm auf die Erde fällt. Auf meinen Rath hebt er sie auf und steckt sie
zu sich. Ich stehe auf dem Wall, mein kleines Fernrohr zum Ausspähen
der heftig auf uns schießenden Dänen benutzend, unmittelbar neben einen dicken Baum. Mehrere Kugeln schlagen in den Baum ein; der Feind
schießt gut, und meint es gut mit dir, denke ich, und verlasse meine etwas exponirte Stellung. Fechtend ziehen wir uns auf Veile zurück. Wir
stoßen auf unser 2. Jägercorps, das uns aufnimmt; zu unser Beruhigung
sind wir also doch nicht abgeschnitten. Wir treffen mit Leuten von an-

dern unserer Bataillone zusammen, die theilweise, nach deren Aussage, furchtbar gelitten haben. - Gegen 7 Uhr Abends rückten wir, also die 10er, gemeinschaftlich mit den 9nern und den 2ten Jägern in Veile, mit voller Musik, in voller Ordnung, sonnenverbrannt, schmutzig, staubig! - Wir werden bei den Bürgern einquartiert, ich mit etlichen unserer Leute in der Wassermühle. - Gesiegt haben die Dänen, aber mit welchen Opfern? Sie sollen 3000 Todte und Verwundete[45] haben. Geschlagen haben sie sich auch brav, aber allgemein wird hier behauptet, sie sind zum Theil vorher betrunken gemacht. - Unser ganzes Belagerungsgeschütz ist leider verloren gegangen, auch 6 – 7 unserer Feldgeschütze und gegen 1800[46] Mann sollen wir an Gefangenen verloren haben. Wie viel an Todten und Verwundeten? Wir wissen es nicht; aber leider die Zahl ist keine geringe. Nun geschlagen sind wir, aber durchaus nicht mutlos. Wir hoffen in den nächsten Tagen, in Verbindung mit den Reichstruppen aufs ins Gefecht geführt zu werden und den Feind zu schlagen. Heute sah ich den General v. Prittwitz, den Commandeur der Reichsarmee, der uns keine Hülfe schickte. Die Kurhessen, welche hier liegen, außerordentlich freundliche kameradschaftliche Leute, schimpfen fürchterlich, daß man uns in unserer so ausgedehnten Stellung keine Hilfstruppen der Reichsarmee zugeschickt hat. - Einige meiner speciellen Bekannten sind leider verwundet und gefallen. Unsere Avantgarde hat am wenigsten gelitten. Einige unserer Bataillone sollen sich über alle Maaßen brav geschlagen haben!

Eltang, 13.Juli 1849

Unsere Avantgarde bezog Vorgestern zwischen Kolding und Veile, nachdem sie 2 Tage in und bei Veile gerastet hatte. Wir haben bis Gestern bivouakirt und hatten zum Schutz gegen den Wind nur etwas Laub gegen die Windseite gestellt. Gott Lob! Hatten wir schönes Wetter in diesen Tagen, wodurch unsere Lage erheblich erleichtert wurde. Seit Gestern sind wir nun in diesem Dorf einquartiert, unsere ganze Compagnie liegt in einem Gehöft.

45 *Dänen: 258 Tote und 1609 Verwundete, Schleswig-Holsteiner: 212 Tote und 1122 Verwundete, siehe Stolz, Schleswig-Holsteinische Erhebung, S. 137.*
46 *1666 Gefangene, siehe Stolz, Schleswig-Holsteinische Erhebung, S. 137.*

Aalderstädt, 19. Juli 1849

Seit dem 18ten liegen wir wieder auf Vorposten. Es heißt, wir haben bis zum 22ten Waffenruhe, die dann wol mit unserm Rückmarsch aus Jütland enden wird. Das Leben ist in der letzten Zeit insofern angenehmer für uns gewesen, weil wir in Scheunen schlafen, wo wir gegen Regen und Wind geschützt sind und auch Milch und Brod kaufen können.

Vor ein Paar Tagen aß ich die ersten Jütländischen Kartoffeln, gestern zum ersten Mal Johannisbeeren.

Hoyrup, 23. Juli 1849

Wichtige Nachricht!

Wir haben Marschordre! Unsere Fouriere fahren so eben ab; also hinaus aus Feindesland sollen wir! Am 24ten nach Kolding, sodann über Hosterup, Hadersleben, Syderballig, Apenrade, Quars, Flensburg, Hostrup, Brodersbye, Hohenlied nach Achterwehr, Blockhagen u.s.w. In den letzteren Dörfern wird, wie es heißt, die Avantgarde concentrirt werden und alsdann nähere Befehle erhalten.

Ihr glaubt nicht, wie empört wir Alle sind. Also „so" mußte der Feldzug enden!!

Brodersby, 4. August 1849

Wir haben Befehl erhalten, vorläufig in unserm jetzigen Cantonnement[47] zu bleiben, und liegen noch im Schleswig'schen, ¼ Stunde nördlich von der Schley. Wir erwarten Marschbefehl zum 7ten. - Der Empfang, den man uns in den Städten Hadersleben, /: ich ward beim Stadtkassirer Mortensen einquartiert, :/ in Apenrade /: einquartiert beim Stadtcassirer Hundewadt, :/ und in Flensburg sogar, bereitet hatte, war pompös! Es gewährte uns Genugthuung für die erlittenen Strapazen. Fast überall, selbst in den Dörfern Angelns, wurden wir beim Einmarsch und Durchmarsch von weiß gekleideten Mädchen empfangen, die uns Kränze und Blumen überreichten. Ueberall Ehrenpforten, theilweise sehr schön. Auf das herzlichste empfing uns also die deutsche Bevöl-

47 Quartier.

kerung unseres Schwesterlandes Schleswig! - Wir liegen hier, 40 Mann, bei einem Bauern im Quartier. Die Leute sind freundlich, das Essen derbe, das Schlafzimmer der Heuboden. Morgen fahre ich mit einigen Kameraden nach Eckernförde, um die dortigen Schanzen und die den Dänen abgenommene Fregatte Gefion zu besichtigen.

Molfsee, 28. August 1849

Seit reichlich 14 Tagen liegen wir in hiesiger Gegend, erst auf dem Hofe Hohenschulen, später auf Marutendorf und jetzt hier im Dorfe Molfsee. Ich bin mit unserm Fourier Fröhlich beim Bauernvogt einquartirt, wir haben ein sehr gutes Quartier. -

Zu Morgen haben wir Marschordre, aber nicht nach Elmshorn, wie wir wünschten, sondern nach Neustadt, wo wir Cantonnement beziehen sollen.

Neustadt, 4. September 1849

Vorgestern sind wir hier einmarschirt. Unsere 3te und 4te Compagnie liegen in der Stadt, die beiden andern Compagnien auf Höfen und in Dörfern der Umgegend. Der Empfang hier war brillant! Frühstück und Wein ward uns vor der Stadt verabreicht. Ehrenpforten waren beim Eingang in die Stadt gebaut! Alle Häuser geschmückt mit Fahnen und Guirlanden.

Wir sind den lieben Neustädtern überaus dankbar dafür!

Schließlich bemerke ich, daß ich am 9ten September bereits Urlaub nach Glückstadt erhielt. Das war ein frohes Wiedersehen nach der verlebten stürmischen Zeit! -

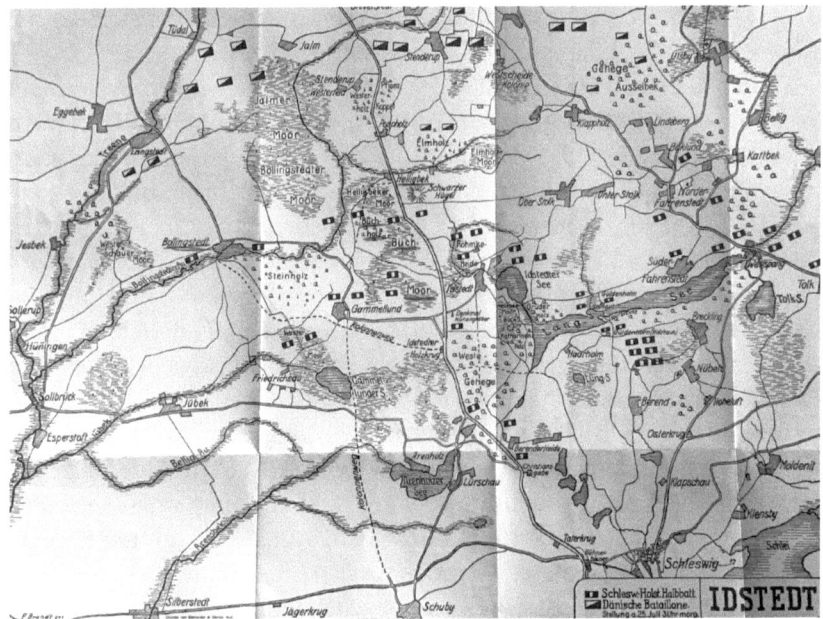

Stellung der Truppen bei Idstedt vom 25. Juli 3 Uhr morgens im Jahr 1850. Aus: Schleswig-Holsteinische Heimatgeschichte, 3. Band. Hinrich Ewald Hoff (Hrsg.): Vom Jahre 1815 bis zur Gegenwart, Neumünster 1925, Karte zwischen Seite 232 und 233.

Zur Geschichte des Gefechts von Ober-Stolk d. 25. Juli 1850 (Idstedt[48])

Geehrter Kamerad K. Jansen in Kiel.

In Folge Ihrer Aufforderung in den öffentlichen Blättern, Alles mitzutheilen, was Bezug auf das Gefecht von Ober-Stolk hat, bin ich so frei, Ihnen das zu sagen, was ich von jenen Tagen weiß, und werde mich auf das beschränken, was ich mit eigenen Augen sah, mit eigenen Ohren hörte, und was ich mit den Kameraden, welche mir zunächst standen,

---

48 *Zur Schlacht bei Idstedt wurde bereits ein Augenzeugenbericht eines Herz-
    horners in den Vorträgen der Detlefsen-Gesellschaft veröffentlicht: Klaus-J.
    Lorenzen-Schmidt: „Ein Herzhorner bei Idstedt (1850)", in: Vorträge der
    Detlefsen-Gesellschaft 15 (2012), S. 38–44.*

that. Daß ich nur Wahres schreibe, werden mir meine Kameraden be-
stätigen, und liegt das s. Z. von mir geführte Tagebuch vor mir.

Da ich aber vorraussetze, daß Sie zunächst gerne wissen wollen, mit
wem Sie zu thun haben, so bemerke ich, daß ich im Jahre 1848 im August, 20 Jahre alt, mich freiwillig stellte und dem in Rendsburg zugleich
mit dem 3ten u. 4ten Jägercorps formirten 10ten Bataillon zugetheilt
ward. Der Major, welcher uns den verschiedenen Truppentheilen zut-
heilte, wollte mich freilich, meiner kleinen Statur halber, durchaus zum
„fixen Jäger" machen, ich erklärte aber, als Einjähriger[49] beim 10ten Bataillon eintreten zu wollen, was der Major denn auch gestattete und, wie
ich wußte, gesetzlich gestatten mußte. - Der dicke Feldwebel B., der vielen Kameraden vom 10ten und 14ten Bataillon, bei dem er später stand,
erinnerlich sein wird, zeigte uns an, daß wir seiner, der 4ten Compagnie
jenes Bataillons, zugetheilt seien. Ich nahm jene Nachricht ziemlich kalt
entgegen, weil mir bis dahin das ganze Soldatenleben noch verteufelt
wenig zusagte. Hätte ich freilich in jenem Augenblick ahnen können,
daß ich mit und in dieser Compagnie /: freilich ohne diesen Feldwebel, aber mit einem sehr braven und fixen Nachfolger ;/ so viele Strapazen, zwei Feldzüge und die Gefechte von Kolding, Gudsoe, Friedericia
und Ober-Stolk mitmachen würde, so würde mir obige Anzeige nicht
gleichgültig gewesen sein, und bin ich noch heute stolz darauf, in jener
braven Compagnie gedient zu haben. Ich füge noch kurz hinzu, daß ich
als Sergeant[50] bei der Auflösung der Schleswig-Holsteinischen Armee in
Oldenburg meine militairische Laufbahn beschloß, um mich in meiner
Vaterstadt Glückstadt häuslich niederzulassen.

Ich gehe nun direct zu dem in Ihrem Referat unter 2b aufgeführten
Theil des Gefechts bei Ober-Stolk über, und verhielt sich die Sache in
Bezug auf die Theilnahme unserer Compagnie an jener Schlacht folgen-
dermaßen.

Als schon die erste Abtheilung des 10ten Bataillons ins Gefecht eine
geraume Zeit eingegriffen hatte, stand noch die zweite Abtheilung /: 3te

---

49 *Einjährig-Freiwillige: Wehrpflichtige von höherer Bildung, die sich selbst aus-*
    rüsten und während des Dienstes erhalten und dafür nur 1 Jahr bei der Fahne
    dienen, siehe Kürschner Universal-Konversations-Lexikon 1895 III.

50 *Dienstgrad zwischen Unteroffizier und Feldwebel, entspricht heute etwa dem*
    Stabsunteroffizier.

und 4te Compagnie :/ des Bataillons und hinter dieser das ganze 11te Bataillon in Reserve, dicht hinter dem Dorf, welches bereits an mehreren Stellen brannte. Das Gefecht war neben und vor uns furchtbar heftig, die feindlichen Kugeln schlugen zahlreich in unsere Colonne ein, vielfach von den jungen Soldaten, die hier zum ersten Mal ins Feuer kamen, mit dem übligen Kopfnicken empfangen. Unser Major, der, in seinen Mantel gehüllt, vor der Abtheilung hielt, verbat sich aber dergleichen Höflichkeitsbezeigungen, indem er auf sein Verhalten hinwies.

Ich stand als Sergeant auf dem äußersten linken Flügel des ersten Pelotons[51]; der General v. d. Horst[52] hielt nur wenige Schritt von mir. Die Adjutanten kamen fliegend mit Meldungen, und verstand ich ganz deutlich, daß der eine derselben dem General die Meldung zurief: „Herr General! Der Feind weicht!" Plötzlich kam querfeldein ein Trupp Jäger vom Dorfe zurück. General v. d. Horst rief ihnen zu: „Weshalb geht ihr zurück? Vorwärts! Jäger!" - „Wir haben alle unsere Offiziere verloren," war die Antwort. Sofort ward ein Offizier unserer Compagnie, der erst vor Kurzem zu uns versetzt war, zu den Jägern commandirt. Nun wandte sich v. d. Horst an unsern Major v. Marklowsky mit der Frage: „Was steht hier?" - „Die zweite Abtheilung vom 10. Bataillon!" lautete die Antwort. Jetzt rief uns ersterer mit seiner Donnerstimme zu: „Soldaten! Wollt ihr das Dorf nehmen? Die Zehner müssen das Dorf stürmen!" Wie aus Einem Munde riefen wir in der größten, Begeisterung, mehrfach unsere Gewehre hoch in der Luft schwenkend: „Ja wohl! Hurrah! Hurrah!" Und vorwärts gings unter Trommelwirbel und Hurrahrufen im Sturmschritt und zwar so anhaltend und so rasch, daß unsere Tambours an der Tête der Compagnie gezwungen waren, abwechselnd mit den Leuten der vordersten Section den Sturmmarsch zu schlagen. Dies war und bleibt einer der schönsten Augenblicke meines Lebens, und noch häufig lasse ich dies schöne Bild vor meinen Augen vorüberziehen. Wir nahmen zwei Knicke im Sturm, beim Dritten stockte die Colonne einen Augenblick. Sofort sprang aber unser tapferer und ungemein beliebter Abtheilungscommandeur, Hauptmann v. Lupinsky, auf und über

---

51 *Unterabteilung der Compagnie = Zug.*

52 *War nach Willisen der letzte Oberkommandierende der Schleswig-Holstei- nischen Armee, siehe Stolz, Schleswig-Holsteinische Erhebung, S. 169 und 193 (7.12.1850 – 1.4.1851), in Idstedt war er Kommandeur der 3. Brigade.*

den Erdwall; Alle folgten! Mit den Worten: „Nun, ist das ein Kunststück? Wendete sich Lupinsky an einen unserer Offiziere.

Der Feind floh in größter Eile. Da plötzlich dröhnten Kanonenschüsse unmittelbar vor uns. Der Feind feuerte erst mit Paßkugeln, dann mit Kartätschen /: die Bekanntschaft der letzteren hatte ich bereits in Jütland gemacht und konnte sie daher deutlich an ihrer Tonart beim Fliegen von ersteren unterscheiden :/ auf unsere Colonne und über dieselbe hinweg, ohne uns viel zu schaden. Einen Moment schien es, als wollte die Compagnie in Unordnung kommen, aber auf den Ruf eines Unteroffiziers unserer Compagnie: „Leute, es sind ja unsere eigenen Geschütze, die über uns weg auf den Feind feuern!" blieb die Compagnie geschlossen. In der Hitze des Gefechts glaubte oder schien man an jene natürlich unwahren, in guter Absicht gerufenen Worte zu glauben. Die 3te Compagnie vor uns, stürmten wir weiter, die Geschütze schwiegen, weil sie erobert waren[53], wie wir später erfuhren und zwar von Mannschaften des 9ten und 10ten Bataillons und des 5ten Jägercorps. Obgleich ich nun selbst die Geschütze nicht sah, so zweifle ich nicht im mindesten daran, daß wir „ganz dicht" vor ihnen gewesen sind.

Von jetzt an theilte sich unsere Compagnie, indem eine Abtheilung derselben unter Lupinsky sich nach Westen wandte und der andere Theil unter Neviadomski mit der Compagniefahne sich nach dem Langsee zurückzog. Ich gehörte zu der letzteren Abtheilung. Am Langsee trafen wir das 11te Bataillon, welches, wie man uns sagte, auf ausdrücklichen Befehl des Majors Wyneken vom Generalstabe, ohne in das Gefecht bei Ober-Stolk einzugreifen, auf hier zurückgegangen sei. - Der Sergeant Fröhlich von unserer Compagnie /: als kühner Patrouillenführer in der Armee bekannt :/ erhielt oder übernahm nun das Commando auf den Höfen bei der Langsee'er Laufbrücke[54]; und ich blieb mit vielen Leuten unserer Compagnie, anfänglich auch mit Leuten vom 11ten Bataillon, auf diesen Höfen bis 2 oder 3 Uhr Nachmittags, indem wir bald mehr, bald weniger mit den Dänen jenseits des Ufers im Gefechte waren. Ein von einer oder zwei Compagnien des 11ten Bataillons gemachten Sturm

---

53 *Siehe Hoff, S. 236.*

54 *Ein von den Pionieren über den Langsee geschlagener schmaler Steg; war für schweres Gerät nicht geeignet, siehe auch Hoff, S. 231 und S. 234 und Stolz, Schleswig-Holsteinische Erhebung, S. 154.*

über die Brücke hinüber war von keiner nachhaltigen Wirkung, obgleich die Mannschaft, Hauptmann v. Normann an der Spitze, muthig vordrang.

Auf einer Koppel hinter uns sammelten sich inzwischen die Mannschaften der verschiedenen Theile unserer Brigade, - zwischen ihnen dänische Gefangene, worunter auch Verwundete, u. A. Ein dänischer Oberstlieutenant v. Bülow, welcher natürlich bald südwärts, meistens nach Schleswig, escortirt wurden.

Ob es nun richtig gewesen, nachdem sich obige, theilweise sehr starke Abtheilungen geordnet und etwas gerastet hatten, diese aufs Neue bei Idstedt oder im Gryder Holz ins Gefecht zu bringen, wage ich nicht zu entscheiden. Es ist aber sicher, daß der Feind den ganzen Tag über bei der Langsee'r Laufbrücke seine Angriffe nicht sehr forcirte, so daß obige Stellung mit Leichtigkeit von unserer Abtheilung unter Fröhlich vertheidigt ward.

Da wir, wie ich vorhin erwähnte, am Langsee sehr hoch postirt waren, so konnten wir einen Theil des Schlachtfeldes, besonders westlich von uns, übersehen. Vorzugsweise mußte der Kampf im und beim Gryder Holz ein heftiger sein. Als sich aber schließlich unsere Truppen südwestlich zurückzogen, schwand unsere Hoffnung auf den noch immer erwarteten Sieg. „Wir sind geschlagen," sagte Fröhlich zu mir, - und er hatte Recht. Bald erhielten wir Befehl zum Rückzuge. Wir gingen über Missunde, woselbst eine kurze Rast gemacht ward, bis nach Cluvensiek zurück und langten hier am nächsten Mittage um 12 Uhr an, waren demnach circa 35 Stunden auf den Beinen gewesen. Diese aufs Aeußerste anstrengenden Tage beweisen, was ein menschlicher Körper bei gehöriger Energie zu ertragen vermag!

Während wir hier nun zwei Tage bivouaquirten, inspirirte uns General v. d. Horst. Er dankte unserm Bataillon für sein braves Verhalten in der Schlacht, indem er noch ausdrücklich sagte: selbst daß die 3te Compagnie ihre Compagniefahne sich habe vom Feinde nehmen lassen, sei keine Schande. Der einzige Vorwurf, den er uns machen könne, sei der, daß wir zu heftig draufgegangen seien.

v. Lupinsky kam mit unserm Hauptmann v. Braunschweig, der in der Schlacht bei Idstedt die erste Abtheilung commandirt hatte, zu unserer

Compagnie, drückte den Unteroffizieren die Hand, indem er sagte: „Sie haben brave Unteroffiziere bei Ihrer Compagnie, Braunschweig!"

Wenn ich nun länger bei der Sache geblieben, geehrter Kamerad, als ich eigentlich wollte, so wollen Sie dies entschuldigen. Einigen meiner alten Freunde von jener Zeit sind diese Zeilen hoffentlich eine angenehme Erinnerung an jene gemeinschaftlich verlebten stürmischen Tage.

Euch Allen, Kameraden des braven 10ten Bataillons, meinen freundschaftlichen Gruß!

Glückstadt, den 8. August 1869   *E. Schröder.*